RILKE SHAKE

Originally published in Portuguese as *Rilke shake*
in 2007 by Cosac Naify

Distributed by Publishers Group West

ISBN: 978-1-939419-54-5

Typesetting by QPA/Bengal Lights
Typesetting and graphic design by Scott Arany
Cover artwork © Marcelo Gandhi

Phoneme Media
1551 Colorado Blvd., Suite 201
Los Angeles, California 90041

Phoneme Media is a nonprofit publishing and film production
house, a fiscally sponsored project of Pen Center USA,
dedicated to disseminating and promoting literature in
translation through books and film.

www.phonememedia.org

RILKE SHAKE

Angélica Freitas

Translated by Hilary Kaplan

PHONEME
MEDIA
Los Angeles

To my parents.
—HK

índice

table of contents

dentadura perfeita, ouve-me bem:
não chegarás a lugar algum.
são tomates e cebolas que nos sustentam,
e ervilhas e cenouras, dentadura perfeita.
ah, sim, shakespeare é muito bom,
mas e beterrabas, chicória e agrião?
e arroz, couve e feijão?
dentinhos lindos, o boi que comes
ontem pastava no campo. e te queixaste
que a carne estava dura demais.
dura demais é a vida, dentadura perfeita.
mas come, come tudo que puderes,
e esquece este papo,
e me enfia os talheres.

perfect teeth, listen up:
you're not going to get anywhere.
tomatoes and onions sustain us,
and peas and carrots, perfect teeth.
ah, yes, shakespeare is very nice,
but beets, chicory, and watercress?
and rice and beans, and collard greens?
lovely little teeth, the bull you're eating
just yesterday was chomping in the field.
        and you complained
that the meat was tough.
life's tough, perfect teeth.
but eat, eat all you can,
and forget this chat,
and dig in.

entro na livraria do bobo.
não tenho dinheiro
e tampouco tenho talento para o crime.

desfilam ante meus olhos
títulos maravilhosos
moribundos de tanto estar
nas prateleiras.

roube-nos, dizem eles.
não agüentamos mais ficar aqui
na livraria do bobo.

quem acreditaria
nesta versão dos fatos?
ajudem-me, maragatos
nesta hora afanérrima
de uma libertadora paupérrima
de livros.

retumba meu coração. retumba
mais que a bateria do salgueiro.
treme o corpo por inteiro
e as mãos já suam em bicas.

ganho a rua, as mãos vazias
e os livros gritam: maricas.

i enter the idiot's bookstore.
i don't have any money
and i don't have a knack for crime either.

lining up before my eyes
wonderful titles
moribund from sitting so long
on the shelves.

steal us, they say,
we can't stand it anymore
in the idiot's bookstore.

who'd believe
this version of the facts?
help me, *maragatos*
in this most stolen hour
of a destitute liberator
of books.

my heart pounds. pounds
more than the *salgueiro* drum line.
my whole body shakes
and my hands sweat buckets.

i reach the street, hands empty
and the books cry: sissy.

autofocus

o remordimento é algo
muito difícil
você me disse
mordendo
o próprio rabo

eu te compreendi
enquanto você dava voltas
e baixei o volume do rádio

era um scherzo
um sei lá
um allegro andante
não era boa
trilha sonora

enquanto me ocupava
dessas tralhas
você já tinha se engolido
pela metade

o remordi é al
mui di

eu chamei a ambulância

autofocus

remorse is something
very difficult
you told me
biting a morsel
off your tail

i got you
while you spun round
and i turned down the radio

it was a scherzo
a who knows
an andante allegro
it wasn't a good
soundtrack

while i dealt
with that crap
you'd already swallowed yourself
by half

rem is some
ve dif

i called the ambulance

fliperama às margens do tâmisa
jogo basquete indoors com minhas irmãs

no primeiro arremesso
– não meço bem a distância
entre a mão e a cesta –
a bola some atrás do aparelho

minhas irmãs gargalham
eu também

a bola sumiu atrás do aparelho

e então é a vez delas
e elas jogam e acertam e jogam de novo
e da máquina sai uma tripa de bônus

que depois trocamos por balas
ou um brinquedinho –
não lembro

an arcade by the banks of the thames
i play indoor hoops with my sisters

on my first shot
—i misgauge the distance
between my hand and the basket—
the ball disappears behind the machine

my sisters burst out laughing
so do i

the ball disappeared behind the machine

and then it's their turn
they play and win and play again
and the machine spits out bonus guts

that we trade for candy
or a rinky-dink toy—
i don't recall

ai que bom seria ter um bigodinho
além das lentes dos óculos ficar
escondida por trás de uma taturana
capilar

um bigodinho para poder estar

um bigodinho para sair à rua e ver
o mundo mas se esconder

um bigodinho para poder ser

um apêndice nasobucal
buconasal

tipo um chapéu

ninguém te incomoda nos cafés
(a beleza está nos olhos
de quem não pode crer)

e no fim do dia ainda ouvir
obrigada senhor
ao entrar por último no elevador.

how lovely it would be to have a little mustache
just beyond the lenses of your glasses
to hide behind a fuzzy
caterpillar

a little stache to let you be

a little stache to go out
and see the world but not be seen

a little stache to be as you are

an appendage from nose to mouth
mouth to nose

chapeau-like

no one would bother you in cafés
(for beauty is in the eye
of the disbeliever)

and to even hear at the end of the day
thank you, sir
as you enter, last, the elevator.

february mon amour

janeiro não disse a que veio
mas fevereiro bateu na porta
e prometeu altas coisas
'como o carnaval', ele disse.
(fevereiro é baixinho,
tem 1,60 m e usa costeletas
faria melhor propaganda
do festival de glastonbury.)
pisquei ligeira nas almofadas:
nem tô, fevereiro
abandonei o calendário'.
'você é um saco', ele disse
e foi cheirar no banheiro.

february mon amour

january came and went
but february came knocking
making grand promises
"like carnaval," he said.
(february is really short,
at 5 foot 3 with sideburns
he'd make better publicity
for the glastonbury festival.)
stretched out on the pillows, i rolled my eyes:
"whatever, february
i'm through with the calendar."
"you're a drag," he said
and went to the bathroom to snort.

agosto a oitava coelhinha da playboy
ou o templo dourado de kinkakuji
ou um gato e um pato num cesto

meu avô não gostava de agosto
dizia agosto mês de desgosto
quando passava dizia agora não morro mais

august the eighth playboy bunny
or the golden pavilion of kinkaku-ji
or a kitten in a mitten

grandpa guffawed august augurs ill
when it had passed he'd say
all's well that's well ended

**o que passou pela cabeça do violinista
em que a morte acentuou a palidez ao
despenhar-se com sua cabeleira negra &
seu stradivárius no grande desastre
aéreo de ontem**

dó
ré
mi
eu penso em béla bartók
eu penso em rita lee
eu penso no stradivárius
e nos vários empregos
que tive
pra chegar aqui
e agora a turbina falha
e agora a cabine se parte em duas
e agora as tralhas todas
      caem dos compartimentos
e eu despenco junto
lindo e pálido minha cabeleira negra
meu violino contra o peito
o sujeito ali da frente reza
eu só penso
dó
ré
mi

what passed through the head of the violinist
as he hurled toward his death
pale against his black hair
clutching his stradivarius
in yesterday's great air disaster

do
re
mi
i think of béla bartók
i think of rita lee
i think of the stradivarius
and the sundry and various
jobs i held
to get here
and now the turbine fails
and now the cabin breaks in two
and now the whole kit and caboodle
     tumbles from the overhead compartments
and i plummet too
beautiful and pale my black head of hair
my violin against my chest
a passenger up ahead prays
i just think
do
re
mi

eu penso em stravinski
nas barbas do klaus kinski
e no nariz do karabtchevsky
e num poema do joseph brodsky
que uma vez eu li
senhoras intactas, afrouxem os cintos
que o chão é lindo & já vem vindo
one
two
three

i think about stravinski
and the beard of klaus kinski
and the nose of karabtchevsky
and a poem by joseph brodsky
i once read
intact ladies, unfasten your seatbelts
cause here comes the earth
um
dois
três

poema pós-operatório

ex
em latim
fora de

daí algumas criaturas
parecem ter sido

desentranhadas
de você

você passa na rua
e as reconhece

ei, ali vai minha
oitava costela!

era minha!
e aponta pra lacuna
no lado esquerdo

(cabe uma gaita
de boca)

olha só!

post-op poem

ex
in latin
former

so that's why
it feels like

you've had a few critters
harvested

you walk down the street
recognizing them

hey, there goes
my eighth rib!

mine, i say!
you point to the lacuna
on your left side

(it could hold
a mouth harp)

look!

família vende tudo

família vende tudo
um avô com muito uso
um limoeiro
um cachorro cego de um olho
família vende tudo
por bem pouco dinheiro
um sofá de três lugares
três molduras circulares
família vende tudo
um pai engravatado
depois desempregado
e uma mãe cada vez mais gorda
do seu lado
família vende tudo
um número de telefone
tantas vezes cortado
um carrinho de supermercado
família vende tudo
uma empregada batista
uma prima surrealista
uma ascendência italiana & golpista
família vende tudo
trinta carcaças de peru (do natal)
e a fitinha que amarraram no pé do júnior
no hospital
família vende tudo
as crianças se formaram
o pai faliu

family sells it all

family sells it all
a worn-out grandpa
a lemon tree
a dog blind in one eye
family sells it all
for next to nothing
a three-seat sofa
three circular frames
family sells it all
a dad in a tie
who becomes unemployed
and a mom growing plumper
by his side
family sells it all
a telephone number
disconnected countless times
a supermarket shopping cart
family sells it all
a baptist housekeeper
a surrealist cousin
a swindling italian ancestry
family sells it all
thirty turkey carcasses (from christmas)
and the little ribbon they tied around junior's ankle
in the hospital
family sells it all
the kids graduated
dad went bankrupt

deve grana para o banco do brasil
vai ser uma grande desova
a casa era do avô
mas o avô tá com o pé na cova
família vende tudo
então já viu
no fim dá quinhentos contos
pra cada um
o júnior vai reformar a piscina
o pai vai abrir um negócio escuso
e pagar a vila alpina
pro seu pai com muito uso
família vende tudo
preços abaixo do mercado

he owes green to the bank of brasil
super estate liquidation sale
the house was grandpa's
but grandpa has one foot in the grave
family sells it all
you know how it goes
they net five hundred thousand each
in the end
junior will redo the swimming pool
dad will open a shady business
and pay for his worn-out father's
cremation at vila alpina
family sells it all
below market prices

love me

você no bar de um hotel de quinta
em paris ouvindo polnareff
com um daiquiri na mão

na mesa uma gérbera dá o último
suspiro, as cortinas de veludo
já eram, o garçom

chama a sua atenção. você
perdida *je suis fou de vous,*
ele traz outro drinque e
sorri, você pensa aqui
não é cancun

e se pergunta quanto
tempo dura um garçom.

cinco euros, ele então
acende um gitane que você
vai fumar distraída
com a classe estudada

de quinhentas holly golightlies.

love me

you in a hotel bar on a thursday
in paris listening to polnareff
with a daiquiri in your hand

on the table a gerbera daisy
expires, the velvet curtains
have seen better days, the waiter

catches your eye. you
lost cause *je suis fou de vous,*
he brings another drink
and smiles, you think this
is no cancun

and ask yourself how
long can a waiter last.

five euros, then he
lights a gitane that you
will smoke distractedly
with the practiced class

of five hundred holly golightlies.

cosmic coswig mississipi

abriremos a janela mais tranqüilas para ver
não esse tanto de edifícios mas

vacas aparando a grama
galinhas arregaladas
galos em estacatos

abriremos a janela toda

não só uma fresta para a ver a vida besta
que se desenrosca amanhecida nos metrôs

porque lá só haverá tatus
underground

só haverá o blues
rural

cosmic coswig mississippi

tranquil we will open the window to
see not this endless mass of buildings but

cows clipping the grass
wide-eyed hens
roosters in staccato

we will open the window wide

not just a sliver to see brute life
untwist asleep from the metros

because there will only be armadillos there
underground

there will only be country
blues

l'enfance de l'art

porque eu perdia a pose mamãe me deu uma cadeira
elegante de veludo burgundy. três anos no balé tutus e
tafetás e ainda perdia a pose.

mamãe disse vou comprar uma cadeira para que pelo
menos sente elegantemente. papai chegava tarde e ao
me ver sentada lendo pedro nava suspirava e tirava
trollope da estante. "leia os clássicos,

é importante." era o entendimento de papai o self-made
man o marido de mamãe a de quatro sobrenomes.

daí a minha aversão a heráldica e estofados.

daí por que nunca li chaucer antes.

l'enfance de l'art (formative youth)

because i lost my posture mama got me an elegant chair in burgundy velvet. three years of ballet tutus and taffeta and still i lost my posture.

mama said i am buying a chair so at least you'll sit elegantly. papa came home late and seeing me seated reading pedro nava sighed and took trollope down from the shelf. "read the classics,

it's important." that was the understanding of papa the self-made man the husband of mama who had the traditional four last names.

and so my aversion to heraldry and upholstered things.

and so i've never read chaucer before.

sashimi

sushiman, sushiman
por que mãos tão frias
sushiman

pra retalhar
melhor o peixe
sushiman

com facas
afiadas
sushiman

no sentido da
corrente
sushiman

ocupação tão masculina
sushiman

chora só suntory
whisky
sushiman

sushiman, sushiman
quando deita a cama
é um leito de arroz

e a noite é uma gata
que engole até a cabeça

sushiman

sashimi

sushi man, sushi man
why such cold hands
sushi man

the better
to slice the fish
sushi man

with sharp
knives
sushi man

with the
flow
sushi man

such masculine work
sushi man

your tears
are suntory whisky
sushi man

sushi man, sushi man
when you lie down your bed
is a bed of rice

and the night is a cat
that eats even your head

sushi man

sereia a sério

o cruel era que por mais bela
por mais que os rasgos ostentassem
fidelíssimas genéticas aristocráticas
e as mãos fossem hábeis
no manejo de bordados e frangos assados
e os cabelos atestassem
pentes de tartaruga e grande cuidado

a perplexidade seria sempre
com o rabo da sereia

não quero contar a história
depois de andersen & co
todos conhecem as agruras
primeiro o desejo impossível
pelo príncipe (boneco em traje de gala)
depois a consciência
de uma macumba poderosa

em troca deixa-se algo
a voz, o hímen elástico
a carteira de sócia do méditerranée

são duros os procedimentos

bípedes femininas se enganam
imputando a saltos altos
a dor mais acertada à altivez
pois

mermaid in earnest

the cruelest part was that as beautiful
as much as her features flaunted
a genetic pedigree of bonafide aristocracy
and her hands deftly wielded
needlework and roast chickens
and her tresses attested
to tortoiseshell combs and splendid grooming

the fascination would always remain
with the mermaid's tail

i won't repeat the story
after andersen & co
we all know the rough path
first the impossible desire
for the prince (doll in formal attire)
then awareness
of powerful witchcraft

in exchange she gives something up
her voice, her elastic hymen
her club med membership card

it is a difficult process

feminine bipeds are fooling themselves
attributing to high heels
the pain more properly ascribed to haughtiness
seeing as

a sereia pisa em facas quando usa os pés
e quem a leva a sério?
melhor seria um final
em que voltasse ao rabo original
e jamais se depilasse

em vez do elefante dançando no cérebro
quando ela encontra o príncipe
e dos 36 dedos
que brotam quando ela estende a mão

the mermaid treads on knives when she uses her feet
and who takes her seriously?
the ending would be better
if she regained her tail
and never shaved again

instead of the elephant dancing in her head
when she sees the prince
and the 36 fingers
that sprout when she offers her hand

vida aérea

o quanto você quer, me diga, com frio na barriga,
proclamar norte onde seu nariz aponte, se livrar do
que não interessa, com força, abrir a cabeça, meter pés
pelas mãos, com pressa, não importa, sentar no escombro
ombro a ombro com a obra, me diga me diga, com frio
na barriga, quanto tempo perdido, quantos reais no bolso,
quantos livros não lidos, quantos minutos de espera,
quantos dentes cariados, me diga o quanto você quer isso tudo
e para onde quer que envie, se você quer que embrulhe

airmail

tell me how much you want, getting chills in your gut,
to call north wherever your nose points, let yourself go
full steam from the dull, open your mind, be
topsy-turvy, hasty, carefree, sit in the wreck
shoulder to shoulder with the work, tell me tell me, getting chills
in your gut, how much time lost, how much cash in your pocket,
how many books unread, how many minutes waiting,
how many teeth decayed, tell me how much you want all this
and where you want me to send it, and how best to wrap it

as bruxas de bruxelas

batem panelas

pra espantar as baratas tontas

que vivem nas pontas

dos sapatos delas

the witches of brussels
bang on cooking vessels
to drive out cockroaches
who like to get cozy
down in the points of their shoes

casino

você prefere o cru
ao creme:
boca ostra língua
lago lua lugar
paisagem com pinheiros
ao fundo. você sempre
preferiu o cru
ao ecrã, insônia a
barbeiro de sevilha.
paisagem de pinheiros
com abismo
por trás.

você precisa
habitar as elipses
precisa dissecar
o sapo da poesia
– não abole o poço.
salta saltador
o grande salto.
a maresia come
as rodas do carro.
você prefere o cru
nem precisava
ter dito.

cassino beach

you prefer the raw
to the refined:
mouth oyster tongue
lake moon place
landscape with pine trees
in the background. you always
preferred the raw
to the reel, insomnia to
the barber of seville.
landscape of pines
with the abyss
behind.

you need
to live in the ellipses
need to dissect
the frog of poetry—
don't abolish the pond.
leaper, leap in
to the great leap.
salt air
eats chrome wheels.
you prefer the raw
you didn't need
to say it.

r.c.

os grandes colecionadores de mantras pessoais não
saberão a metade/ do que aprendi nas canções/ é
verdade/ nem saberão/ descrever com tanta precisão/
aquela janela da bolha de sabão/meu bem eu li a barsa/
eu li a britannica/ e quando sobrou tempo eu ouvi/
a sinfônica/ eu cresci/ sobrevivi/ a privada de perto/
muitas vezes eu vi/ mas a verdade é que/quase tudo
aprendi/ ouvindo as canções do rádio/ as canções do
rádio/quando meu bem nem/ a verdadeira maionese/
puder me salvar/ você sabe onde me encontrar/e se
a luz faltar/ num cantinho do meu quarto/ eu vou
estar/com um panasonic quatro pilhas aaa/ ouvindo as
canções do rádio

r.c. (roberto carlos)

the greatest collectors of personal mantras will
never know the half/ of what i learned from the
songs/ oh no/ they'll never know/ how precisely
to show/ a soap bubble's glossy window/ my dear
i've read the encyclopedia barsa/ i have read the
britannica/ and when i had time to spare i listened/
to the symphony/ i grew up/ survived/ saw the
porcelain up close/ many times/ but the truth is/ i
learned nearly everything/ listening to the songs
on the radio/ on the radio/ my love when not even/
real mayonnaise/ can save me/ you know where to
find me/ and if the light grows dim/ in a corner of my
room/ that's where i'll be/ with my panasonic four
AAA batteries/ listening to the songs on the radio

liz & lota

imagino a bishop entre cajus
toda inchada e jururu
da janela o rio e a seu
lado a lota, com um conta-gotas.

'but you must stay.
forget that ship', she said.
ao que bishop riu, olho esquerdo
sumiu, afundou na pálbebra.

a americana dormiu em alfa.
e no seu sono, tão geográfica
sonhou com a carioca rica
e com a vastidão da américa.

liz & lota

i picture bishop among cashew fruits
totally swollen and miserable
out the window rio de janeiro
and beside her lota, with a dropper.

"but you must stay.
forget that ship," she said.
at which bishop laughed, her left eye
hidden, submerged behind its lid.

the american slept in alpha
and in her sleep, so geographical
she dreamt of the rich carioca
and of the vastness of america.

aos onze anos
atrás da casa da minha avó
na colônia de pescadores z-3
eu fumava um cigarro gol comprado
avulso num boteco
onde a moça conhecia a minha mãe
a moça me olhou atravessado
mas me deu o cigarro mesmo assim
e lá onde tinha uma horta
eu minha irmã e uma prima
demos nossas primeiras baforadas
foi bem ruim
o medo deu uma estragada
no gol de cinco centavos
que alguém jogou fora
ao ouvir uma tia um cachorro ou
o vento nos pés de couve

at eleven years old
behind my grandmother's house
in fishing village z-3
i smoked a gol cigarette bought
singly in a *boteco*
where the salesgirl knew my mother
the salesgirl looked at me sideways
but gave me the cigarette all the same
and there in the kitchen garden
my sister a cousin and i
took our first puffs
it was really bad
fear kicked the joy
out of the five-centavo gol
that one of us flicked away
at the sound of an aunt a dog or
the wind through the collard greens

a mina de ouro de minha mãe & de minha tia

se chamava
ilha da feitoria
ou ilha do meio
onde as duas vendiam
cosméticos avon
chegavam de bote
motorizado
com fardos de produtos
batons rímeis perfumes
e sobretudo rouges
eram recebidas
pelas donas de casa
cabeludas
bigodudas
panos de prato no ombro
filhos ranhentos no colo
minha mãe & minha tia procediam
ao embelezamento das nativas
devolviam-lhes cores
às faces
todo o espectro de cores
de um céu de fim de tarde
na lagoa dos patos
azuis e roxos e laranjas e rosas
e depois lhes emprestavam
espelhos
as donas de casa da ilha do meio
compravam muita maquiagem
minha mãe & minha tia
enchiam sacos de dinheiro

the goldmine of my mom & my aunt

it was called
administration island
or middle island
where the two of them sold
avon cosmetics
arriving by motorboat
with bundles of products
lipstick mascara perfume
and most of all rouge
they were received
by big-haired mustachioed
housewives
dishcloths on their shoulders
snotty children in their laps
my mom & my aunt proceeded
with the beautifying of the natives
restoring color
to their faces
the whole spectrum of colors
of an evening sky
at *lagoa dos patos*
blues and purples and oranges and pinks
then they lent them
mirrors
the housewives of middle island
bought a lot of makeup
my mom & my aunt
left loaded with cash

na banheira com gertrude stein

gertrude stein tem um bundão chega pra lá gertrude stein e quando ela chega pra lá faz um barulhão como se alguém passasse um pano molhado na vidraça enorme de um edifício público

gertrude stein daqui pra cá é você o paninho de lavar atrás da orelha é todo seu daqui pra cá sou eu o patinho de borracha é meu e assim ficamos satisfeitas

mas gertrude stein é cabotina acha graça em soltar pum debaixo d'água eu hein gertrude stein? não é possível que alguém goste tanto de fazer bolha

e aí como a banheira é dela ela puxa a rolha e me rouba a toalha

e sai correndo pelada a bunda enorme descendo a escada e ganhando as ruas de st.-germain-des-prés

in the bathtub with gertrude stein

gertrude stein has a big butt slide over gertrude
stein and when she slides it makes a great noise
as though someone dragged a wet cloth across
the huge glass window of a public building

gertrude stein from here to there it's you the washcloth
behind your ear is all yours from here to there it's me the rubber
duckie's mine gertrude stein and thusly we're pleased

but gertrude stein is a charlatan thinks it's fine to let one
loose under the water eh gertrude stein? it's impossible
that anyone could so enjoy making bubbles

and because it's her tub she pulls the plug and steals
my towel

and runs out stark naked huge butt descending the
staircase onto the streets of st.-germain-des-prés

a mulher dos outros

fiquei muito tempo naquela banheira sem água
pensando por que gertrude me havia deixado

as unhas roxas os dedos enrugados naquele banheiro
sem aquecimento num apartamento perto do jardin du
luxembourg

sem amor e sem toalha

ela tem alice e basket eu sou a terceira excluída

noutros tempos rilke me chamaria pro jardin des
plantes

hoje eu digo adeus e vou pra gare du nord

lou andreas me espera em göttingen plantaremos beijos
na gänseliesel

someone else's wife

i stayed a long time in that tub with no water
thinking about why gertrude had left me

my nails purple my fingers shriveled in that heatless
bathroom in an apartment near the jardin du
luxembourg

no love and no towel

she has alice and basket i am left out

in other times rilke would call me to the jardin des
plantes

today i say adeus and go to the gare du nord

lou andreas waits for me in göttingen we will plant kisses
on the gänseliesel

alice babette, primeiro movimento

no hotel a surpresa uma carta de alice

que sabia e suportava assando imensos vol-au-vent

o papel era uma seda muito fina uma lâmina

não exalava nem colônia nem canard

fui abrindo o envelope o papel era uma seda

na mesinha um envelope e era a letra de alice

alice babette, first movement

in the hotel the surprise a letter from alice

who knew and survived by baking huge vols-au-vent

the fine tissue paper a blade

it emanated neither cologne nor canard

i was opening the envelope the paper tissue-thin

on the little table an envelope and it was in alice's hand

ombro/épaule

planos sempre são muitos com a mulher dos outros

mas dois coelhos matam de cajadada só

djuna disse melhor não apostar em quem

só vai acordar ao seu lado by chance

e me pagou um conhaque e me deixou no portão

shoulder/épaule

plans are always many with someone else's wife

but two birds kill with just one stone

djuna said better not bet on someone

who'll only wake up by your side at random

then bought me a brandy and walked me home

jogo sujo, allegro andante

às cinco em ponto fui correndo pro jardin du luxembourg

num pé só porque a bota me apertava

chegando lá 'idiota' alguém gritou

era alice com uma lata de conservas

estava escuro eu caíra na emboscada

rolava aos socos com alice sobre a relva

até que a outra resolveu mostrar a cara

era a baker em sua saia de bananas

foul play, allegro andante

at five on the dot i ran toward the jardin du luxembourg

but just on one foot cause my boot was pinching

arriving there "you fool" someone screamed

it was alice with canned goods

in the dark i fell into the ambush

punches rolled with alice on the sod

till the other decided to show her face

it was baker in her skirt of bananas

epílogo

gertrude stein cabelo dos césares

alice olhos negros de gipsy

josephine baker djuna barnes

nós cinco na sala de espelhos

eu era alice e djuna era josephine

gertrude stein era gertrude stein era gertrude stein

na saída gertrude me puxou pelo braço

e me disse muito zangada: não achei graça

no que você publicou nos jornais

me derrubaria como um tanque da wehrmacht

não fosse por ezra que passeava ali seu bel esprit

lésbicas são um desperdício ele disse

você já ouviu falar em mussolini?

epilogue

gertrude stein hair of the caesars

alice black gypsy eyes

josephine baker djuna barnes

we five in a hall of mirrors

i was alice and djuna was josephine

gertrude stein was gertrude stein was gertrude stein

at the exit gertrude pulled me by the arm

and said vexedly: i was not amused

by what you published in the papers

she would have knocked me down like a wehrmacht tank

if not for ezra strolling by with bel esprit

lesbians are a waste he said

have you ever heard of mussolini?

não consigo ler os cantos

vamos nos livrar de ezra pound?
vamos imaginar ezra pound
insano numa jaula em pisa enquanto
les américains comiam salsichas
e peanut butter nas barracas
dear ezra, who knows what cadence is?
vamos nos livrar de mariane moore?

i can't read the cantos

shall we free ourselves from ezra pound?
let us imagine ezra pound
insane in a cage in pisa while
les américains eat sausages
and peanut butter in the barracks
dear ezra, who knows what cadence is?
shall we free ourselves from marianne moore?

rilke shake

salta um rilke shake
com amor & ovomaltine
quando passo a noite insone
e não há nada que ilumine
eu peço um rilke shake
e como um toasted blake
sunny side para cima
quando estou triste
& sozinha enquanto
o amor não cega
bebo um rilke shake
e roço um toasted blake
na epiderme da manteiga

nada bate um rilke shake
no quesito anti-heartache
nada supera a batida
de um rilke com sorvete
por mais que você se deite
se deleite e se divirta
tem noites que a lua é fraca
as estrelas somem no piche
e aí quando não há cigarro
não há cerveja que preste
eu peço um rilke shake
engulo um toasted blake
e danço que nem dervixe

rilke shake

make me a rilke shake
with love & ovaltine
when i have a sleepless night
and nothing lights up
i order a rilke shake
and eat a toasted blake
sunny side up
when i am sad
& lonely while
love doesn't blind me
i drink a rilke shake
and brush a toasted blake
against the epidermis of the butter

nothing beats a rilke shake
on the question of anti-heartache
nothing surpasses the frappe
of rilke with ice cream
no matter how much you pour yourself into bed
and take pleasure and have fun
some nights the moon is weak
the stars vanish in the pitch
and then when there's no cigarettes
no decent beer
i order a rilke shake
gulp down a toasted blake
and dance like a dervish

não adianta
chegar na porta
e ordenar
abra
öffnen
open
é preciso
girar a chave

e mais
é preciso saber
qual chave

ou então
esbarrar na dureza
de certos materiais

mogno pinho
cedro ou lâmina
de qualquer madeira

conhecer a chave
ou intuir para que
lado gira

tantos têm
tão pouca paciência

it's no use
arriving at the door
and commanding
open
öffnen
abra
you have to
turn the key

plus
you have to know
which key

or
bump up against the hardness
of certain materials

mahogany pine
cedar or a plank
of any wood

to be familiar with the key
or else intuit which
way to turn it

so many people have
so little patience

o que é um baibai?

baibai es un adiós.
un farewell sin pañuelos.
tem gente que escreve haikai,
três linhas à bashô.
baibais também seguem modelos.

quem escreve baibais sabe que acabou
-se o que era doce.
§
espancado na infância molha os pés no orinoco
embaixo d'água como soa a ocarina?
brbrlllbrrrr brbrlllbrrr
§
esnobada na festa molha os pés no rio das antas
debaixo d'água como faz seu coração?
'sai da chuva' 'já para casa'
§
sufragette sem rouge molha os pés no rio clyde
debaixo d'água como faz o seu cabelo?
esquerda.... direita.... esquerda..... direita....
§
feia nas fotografias molha os pés no rio reno
debaixo d'água como faz seu celular?
'depois do bipe lorelei depois do bipe'

what's a see you?

see you es un adios.
un hankyless adieu amigos.
there are people who write haiku,
three lines à la bashō.
see yous also follow rules.

whoever writes see yous knows whatever
's sweet is over.
§
beaten as a child dips his feet in the orinoco
underwater what's the sound of an ocarina?
brbrlllbrrr brbrlllbrrr
§
snubbed at a party dips her feet in the rio das antas
underwater what's your heart do?
'get out of the rain' 'go inside'
§
suffragette without rouge dips her feet in the clyde
underwater what's your hair do?
left…. right…. left…. right….
§
unphotogenic dips her feet in the rhine
underwater what's your cell do?
'after the beep lorelei after the beep'

rito de passagem

agora que raspei a cabeça
não vou demorar nas esquinas
irritarei os velhinhos
assustarei as meninas
e os cachorros já latem antes de me avistar.

os vizinhos na escada
pensam: coitada! que azar
perguntarão se eu peguei piolho
ou tive queda capilar.

tranco a porta e as janelas
deixo o mundo e seu bedelho
estranha a rua minha cabeça nua
me estranhará o espelho?

rite of passage

now that i've shaved my head
i won't linger on street corners
i'll irritate old folks
i'll startle young ladies
dogs already bark before catching sight of me.

the neighbors on the stairs
think: poor thing! what a shame
they'll ask if i got lice
or lost my hair.

i close the door and the windows
leave the world and its nosy folks
on the street my bare head's a freak
will the mirror call me queerer?

versus eu

lá embaixo um samba que não me chama
pois não conhece o meu nome

versus me

down below a samba does not call me
because it does not know my name

musiké

tenho pavor de festinhas
aparo as arestas da farsa
visto minha roupa nova
mas hoje não saio de casa

musiké

i dread little parties
i smooth the rough edges of farce
i put on brand new clothes
but today i won't leave the house

VW beetle

um fusca
vermelho bala soft
morreu
naquele morrinho
ali ó
vermelho
cor de bala soft
como a cara
dos caras
que empurraram
e ó
pó pó pó
pegou
no longe o vi ainda
redondo e soltando fumaça
pra dentro da boca sem dentes
do túnel

VW beetle

a candy-red
volkswagen beetle
died
on that hill
over there
red
the color of soft brand candy
like the faces
of the guys
who pushed it
putt-putt-putt
the engine ignites
in the distance i see it still
round, puffing smoke
into the toothless mouth
of the tunnel

pouca coisa

não calcula a perda ao comprar a caixa de alfinetes (da china)
e tampouco de onde vão despontar com suas cabeças (chatas)
e maldiz mao tsé quando sai uma gota de sangue (do dedo)
e quando vê um alfinete na rua não pega (nem morta)
mesmo se igual aos que pontuam as blusas (no armário)
e que rocem na pele produzindo vermelhos (tão raros)
e que alguém sonhe com alfinetes (na china)
na vida só valem às dúzias (é claro)

big deal

don't calculate what's lost in buying a box of pins (from china)
or where they emerge from headfirst (to be blunt)
and curse mao tse tung when a drop of blood appears
                                        (from your finger)
and when you find a pin in the street don't pick it up (even dead)
the same kind of pin piercing the shirts (in your closet)
and grazing your skin it draws out a red (so rare)
and someone is dreaming of pins (in china)
in life things only count by the dozen (clearly)

só
me consolaria:
o ejetor de teias
do homem-aranha
só lá no alto
entre prédios
não se veria
este coração
sem plumas

– algum vilão
por aí
usa um
colar de penas
made in
my heart –
só lá em cima
entre edifícios
com o aval
das pombas

uma criança
olha pra cima
mamãe, mamãe
é a mulher
-aranha?
não seja tola
ela está
limpando
janelas

i'll
only be consoled by
spiderman's
web-ejector
only up high
between buildings
no one would see
this heart
without plumes

—some villain
around here
wears a
necklace of feathers
made in
my heart—
only there up above
between towers
protected
by pigeons

a child
looks up
mommy, mommy
is it spider
woman?
don't be silly
she's
washing
windows

só
me consolaria:
o ejetor de teias
do homem-aranha
só lá no alto
entre prédios
não se veria
um coração
sem planos

i'll
only be consoled by
spiderman's
web-ejector
only up high
between buildings
no one would see
this heart
without plans

siobhan 4

a.
onde andará siobhan
que trens pega
pra ir trabalhar

em que biblioteca
lê as mulheres
que já pararam de respirar

onde andará siobhan
um sol no peito
eu olhava enquanto ela dormia

quando ela acordava
cobria o sol
ia buscar jornais.

b.
onde andará siobhan
sumida no solstício
de volta com um sorriso

um anel de 50 centavos
ela andava comigo
de mãos dadas

na rua, minha mão
deslizava por sua cintura, ela
ria, não dizia nada

siobhan 4

a.
whatever happened to siobhan
what trains does she take
to get to work

in what library
does she read the women
who stopped breathing long ago

whatever happened to siobhan
a sun on her chest
i watched as she slept

when she woke up
she would cover the sun
step out for newspapers.

b.
whatever happened to siobhan
vanished in the solstice
returned with a smile

a 50-centavo ring
she walked with me
hand-in-hand

in the street, my hand
slid around her waist, she
laughed but said nothing

quando dizia era
não se acostume
comigo

logo você
vai
embora.

c.
às vezes ela ficava
de quatro, o símbolo
celta nas costas

ela conhecia os trens
conhecia o porto
de hamburgo

um dia
apanhou de um cara
quando voltava pra casa.

d.
um dia
abriu o armário
e me mostrou um corpete

de couro
riu e disse
a gente não precisa usar.

when she spoke it was
don't get too used to
me

soon you're
going
away.

c.
sometimes she got down
on all fours, the celtic
symbol on her back

she knew the trains
knew the port
of hamburg

one day
a guy attacked her
on her way home.

d.
one day
she opened the closet
and showed me a leather

corset
laughed and said
we don't have to wear it.

e.
será que ela pensa em mim
será que também pergunta
o que aconteceu

com as boas garotas
de sodoma, essas que
sempre

se beijavam nas escadas
sumiam nas bibliotecas
preferiam virar sal?

e.
does she think of me
does she also ask
what happened

to the good girls
of sodom, the ones who
always

kissed on the stairs
vanished in libraries
preferred to turn to salt?

treze de outubro

escrever um poema sem calor em são paulo
um poema sem ação: sem carros, sem avenida paulista

quando eu morava na augusta, escrevia poemas sobre a
augusta

a augusta não me deixava dormir

(escrever um poema em que se durma na augusta
e sobretudo, escrever um poema sobre dormir

sem você.) esta é a primavera fajuta da delicadeza
(não consigo terminar este poema).

october thirteenth

writing a poem without heat in são paulo
a poem without action: without cars, without avenida
paulista

when i lived on augusta, i wrote poems about augusta

augusta didn't let me sleep

(writing a poem in which one sleeps on augusta
and above all, writing a poem about sleeping

without you.) it is the phony spring of tenderness
(this poem i can't finish).

estatuto do desmallarmento

minha senhora, tem um mallarmé em casa?
você sabe quantas pessoas morrem por ano
em acidentes com o mallarmé?

estamos organizando uma consulta popular
para banir de vez o mallarmé dos nossos lares
as seleções do reader's digest fornecerão

contêineres onde embarcaremos os exemplares,
no porto de santos, de volta pra frança.
seja patriota, entregue seu mallarmé. olê.

statute of dismallarmament

ma'am, do you have a mallarmé in your house?
do you know how many pessoas die every year
in accidents with mallarmé?

we are organizing a referendum
to ban mallarmé from our homes once and for all.
reader's digest will furnish

shipping containers to load the materials,
at porto de santos, to return to france.
be a patriot, surrender your mallarmé. olê.

às vezes nos reveses
penso em voltar para a england
dos deuses
mas até as inglesas sangram
todos os meses
e mandam her royal highness
à puta que a pariu.
digo: agüenta com altivez
segura o abacaxi com as duas mãos
doura tua tez
sob o sol dos trópicos e talvez
aprenderás a ser feliz
como as pombas da praça matriz
que voam alto
sagazes
e nos alvejam
com suas fezes
às vezes nos reveses

in times of trouble
i think of returning to glorious
england
but even english women bleed
each month
and tell her royal highness to
fuck off.
i say hang in there with your head up high
take the wheel with both hands
bronze your skin
under the tropical sun and maybe
you will learn to be happy
like pigeons in the town square
flying high
they cleverly
make us targets
for their white droppings
in times of trouble

ringues polifônicos

1. entre ringues polifônicos e línguas multifábulas
entre facas afiadas e o elevado costa e silva
entre dumbo nas alturas e o cuspe na calçada
alça vôo a aventura na avenida angélica
e hoje de manhã trabalha e amanhã avacalha
a viação gato preto colando um chiclete
adams de menta no assento daqueles bancos de trás
entre ringues polifônicos e tênis alados
entre paulistas voadores e portadores esvoaçados
de baseados no bolso das calças jeans
entre o canteiro central da paulista e a vista do vão do masp
entre os que eu quero e os que queres de mins

2. dos ringues polifônicos da cidade de são paulo:
entre valsas e velórios e invertidos convulsivos
entre a puta enaltecida e enrustidos explosivos
entre a abertura da boca e o último trem pra mooca
entre os ringues polifônicos e a queda da marquise
morreu ontem executada a poor elise

polyphonic ringtones

1. between polyphonic ringtones and multifabled
    languages
between sharpened knives and the elevated costa e silva
    expressway
between dumbo way up high and the spit on the sidewalk
adventure takes flight on avenida angélica
and this morning you produce and tomorrow you confuse
black cat bus lines sticking
mint chiclets on the seats in back
between polyphonic ringtones and winged sneakers
between flying paulistas and soaring sporters of spliffs
    in jeans pockets
between the planted median on avenida paulista
    and the view from the são paulo museum of art
between the ones i want and the ones you want from me

2. from the polyphonic ringtones of the city of são paulo:
between waltzes and wakes and convulsive closet cases
between the exalted whore and explosive introverts
between the mouth opening and the last train to mooca
between polyphonic ringtones and the collapse
    of the marquee
poor thing died yesterday when they executed "für elise"

boa constrictor

estava enrolada num galho
        entre folhas nem se mexia
           a danada
me viu era hora do almoço
        e me disse na língua das cobras:

parada

virei o tronco ela já vinha
             calculava minha espinha
        cobreava
           me poupe eu disse
e ela na língua das cobras
        negava:

você sabe porque veio
        honeypie
e sabe pra onde vai

me envolveu com destreza
           me apertou bem as pernas
        me prendeu de jeito
até que meu peito
ficou maior
que a alma

boa constrictor

coiled round a branch
   between leaves didn't even stir
    damned thing
saw me it was lunchtime
   and said to me in snake tongue:

stop

turned back she was already there
    she sized up my spine
  cunningly
    spare me i said
and she in snake tongue
  denied:

you know why you came
  doce de amendoim
and you know where you're going

wrapped around with agility
    bound tight my legs
   squeezed me
until my chest
grew larger
than my soul

um crec crac
      de ossos quebrando
      uma lágrima escorrendo:
      parecia amor
a falta de ar
      o sangue subindo pra cabeça

onde toda a história começa.

the creak crack
      of bones breaking
      a single tear escaping:
      it was like love
the lack of air
      blood rising to the head

where history begins.

fim

keats quando estava deprimido
se sentindo mais pateta que poeta
vestia uma camisa limpa
eu tomei um banho
com os dedos ajeitei os cabelos
vesti roupas limpas
olhei praquele espelho
o suficiente pra
sem relógio caro
fazer pose de iota
e sem pistola automática
pose de anjo do charlie
então eu disse: "é, gata"
rápida peguei as chaves
saí num pulo
só fui rir no elevador.

the end

keats when he was depressed
feeling more pathetic than poetic
put on a clean shirt
i took a bath
combed my fingers through my hair
put on clean clothes
glanced in the mirror
long enough
to assume the pose of Iota
minus expensive watch
and pose like a charlie's angel
without the automatic pistol
then I said: "hey, hottie"
grabbed the keys
bounced out
only started laughing in the elevator.

I first discovered *Rilke Shake* while browsing the poetry section at Livraria Cultura, a large bookstore in Porto Alegre. I grabbed it because of the title; the pun on "milkshake," which in Brazil's vernacular means just what it does in English, made me laugh. The voice in the poems stood out to me because it was funny and female, portrayed queerness, used speech from the south of Brazil, and combined local and global perspectives to deal with questions of personal and poetic identity. I was intrigued by this voice, which grappled with the poets of the past but had a style unlike most other poetry on Brazilian bookshelves. I walked into the street with a new book to devour.

Rilke Shake's title indicates the book's contents: poetry approached as a shake of languages, words, tradition and a measure of delight, whirred in a blender with a shot of irony. The mostly first-person poems grapple with shaking off the influence not only of Rilke, but also Shakespeare, Matsuo Bashō, Elizabeth Bishop, William Blake, Joseph Brodsky, John Keats,

Marianne Moore, Ezra Pound, and Gertrude Stein. In addition, the text confronts the influence of major Brazilian poets including Oswald de Andrade, Carlos Drummond de Andrade, Manuel Bandeira, João Cabral de Melo Neto, Jorge de Lima, Paulo Leminski, and the Noigandres group of concrete poets. Since the young poet cannot shake free of canonical giants, she shakes them together with everything else real and imagined from her life—family, languages spoken or overheard, travels, dreams, homeland, and so on—to see if anything tasty will result. The speaker names and directly engages her forebears; she dreams about them, makes fun of them, elevates and normalizes them. Freitas also enacts the feminist strategy of constructing an alternative canon. A series of poems features Elizabeth Bishop and her Brazilian lover Lota de Macedo Soares, Gertrude Stein and Alice B. Toklas, as well as Djuna Barnes and Josephine Baker. These lesbian poet couples and iconic female artists, who also created their own flavors of art and culture, become part of the young writer's creative lineage.

Many of the poems in *Rilke Shake* first took shape on Freitas's personal blog, and she attributes their compact size and look to the constraint of writing directly into the Blogger post editor. Brazilian poets embraced online forms early as tools of composition and conversation. When I presented some of my translations at the Yale Working Group on Contemporary Poetry in 2010, the organizers introduced Angélica Freitas as the first poet with a Twitter handle to be the subject of the group's discussion. Web presence, wordplay, and global engagement work as a set for the poems of *Rilke Shake*. This set places Freitas comfortably within a transnational network of younger poets whose poems share these three features.

The shake is Freitas's symbol of poetic invention; it is the delicious mess of combination that makes poetry. In Freitas's vision, poetic formation is life formation. Life in these poems occurs in concrete scenes—at a door, a soda shop, a dinner table—but the setting and its artifacts always point to the human interior. Through allegory, these poems reflect upon and attempt to understand the self. Why did Freitas choose the shake, a food of U.S. origin? "Milkshake," like so many English words imported from the U.S., has become part of the Brazilian lexicon. The word complements the Brazilian *batida*, a blended drink like others found throughout Latin America, a synonym that Freitas tosses into the title poem. Freitas transforms the shake by blending into these poems its other connotations, including dance, the body, and sexuality. Adding Rilke, she shakes it even more.

In translating these poems, I was inspired by the shake. I sought to convey the linguistic border-crossing, wordplay, creative appropriation and reappropriation that is found not only in the phrase "Rilke shake" but in the book as a whole. Though I usually make a decision about how to resolve a type of language problem and follow that method throughout a text, the spirit of the shake meant I did not have to be consistent. Instead, I felt free to mix it up. For example, the original poems often rhyme, but such musicality can sound forced in English. Sometimes I brought the rhyme across, sometimes I didn't, sometimes I used internal rhyme or another strategy to achieve sonority in English and maintain the poems' lyricism. While translating *Rilke Shake*, I tried to let the poems' serious playfulness prevail.

Stumbling upon *Rilke Shake* at a bookshop in Porto Alegre opened the door to a lasting experience for me. I hope my translation in turn opens the door for a new set of readers to discover this bright contemporary voice.

Hilary Kaplan

translator's acknowledgments

Thank you to the editors of the anthologies and journals in which versions of some poems in this book first appeared in English translation: *Circumference*, *Critical Matrix*, *Digital Artifact*, *Litro*, *Molossus*, *Passageways: Two Lines*, *PEN America*, PEN.org, *Two Lines Online*, *Words Without Borders*, and *World Literature Today*.

Thank you to the PEN Translation Fund for making possible the translation of this book.

My deep gratitude to Angélica Freitas and those who have read these poems with me and invited me to read: Diana Aehegma, Betsey Biggs, Katrina Dodson, Ana Letícia Fauri, Harris Feinsod, Forrest Gander, Megan Heuer, Ruth Kaplan, Victoria Kaplan, Fernanda Koch, Karen Lepri, Dore Levy, Sophie Lewis, Kirthi Nath, Katerina Seligmann, Amish Trivedi, and Richard Deming, Nancy Kuhl, Jean-Jacques Poucel and the rest of the Yale Working Group in Contemporary Poetry.

about the author

Angélica Freitas is the author of *Rilke Shake* (Cosac Naify, 2007) and *Um útero é do tamanho de um punho* (Cosac Naify, 2012), a nominee for the Portugal Telecom Prize. Her graphic novel, *Guadalupe* (Companhia das Letras, 2012), was illustrated by Odyr Bernardi. Freitas's poems have been translated and published in German, Spanish, Swedish, Romanian, and English. She was awarded a Programa Petrobras Cultural writing fellowship in 2009. She co-edits the poetry journal *Modo de Usar & Co.* and lives in Pelotas, Rio Grande do Sul, Brazil.

about the translator

Hilary Kaplan's translations of Brazilian poetry and fiction have been featured in *Modern Poetry in Translation*, *PEN America*, and on BBC Radio 4. Her writing on Brazilian poetry and poetics appears in *eLyra*, *Jacket2*, *Rascunho*, and the collection *Deslocamentos Críticos*. She holds an M.F.A. from San Francisco State University. She received a 2011 PEN Translation Fund grant for her translation of *Rilke Shake*.